Impressum
Verlag: BABADADA GmbH, Nedderfeld 112 , 22529 Hamburg
Geschäftsführer / Verlagsleitung: Harald Hof
Druck: Books on Demand GmbH, In de Tarpen 42, 22848 Norderstedt

Imprint
Publisher: BABADADA GmbH, Nedderfeld 112 , 22529 Hamburg, Germany
Managing Director / Publishing direction: Harald Hof
Print: Books on Demand GmbH, In de Tarpen 42, 22848 Norderstedt, Germany

School

مدرسه

Klassenstuuv
کلاس درس
delen
تقسیم کردن
186/2
Tafel
تخته
Schoolhoff
Schoolmeester
معلم
Papeer
کاغذ
schrieven
نوشتن
Sticken
خودکار
Schrievdisch
میز تحریر
Lienholt
خط کش
Book
کتاب
Schöler
دانش آموز

Ranzel

کیف مدرسه

Feddermapp

جامدادی

Bleesticken

مداد

Scharpmaker

تراش

Radeergummi

پاک کن

Tekenblock

دفتر رسم

2 School - مدرسه

Teken

طراحی

Pinsel

قلم مو

Malkassen

جعبه ی آبرنگ

Scheer

قیچی

Klever

چسب

Heft to'n Öven

کتاب تمرین

Huusopgaav

تکلیف خانه

Tall

رقم

tohooptellen

جمع کردن

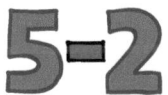

aftrecken

تفریق کردن

malnehmen

ضرب کردن

reken

محاسبه کردن

Bookstaav

حرف الفبا

ABC

الفبا

Woort

کلمه

Text

متن

lesen

خواندن

Kried

گچ

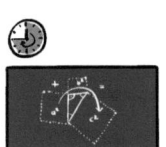

Stunn

درس

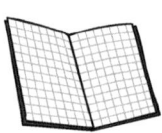

Klassenbook

ثبت نام

Pröven

امتحان

Tüügnis

مدرک رسمی

Schooluniform

لباس مدرسه

Utbillen

تحصیلات

Nakieksel

دانشنامه

Universität

دانشگاه

Mikroskop

میکروسکوپ

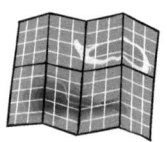

Koort

نقشه

Papeerkorf

سبد کاغذ باطله

Hotel
هتل
Grand
Harbarg
مسافرخانه
ROOMS
Wesselstuuv
صرافی
EXCHANGE
Kuffer
چمدان
Auto
اتومبیل

Spraak
زبان

jo / ne
بله / خیر

Jo
آکی

Moin
سلام

Översetter
مترجم

Dank ok
ممنون

Wat kost…?

قیمت … چه قدر است؟

Ik verstah nich

من متوجه نمی شوم

Problem

مشکل

Goden Avend

عصر بخیر! / شب بخیر!

Moin!

صبح بخیر!

Gode Nacht!

شب بخیر!

Tschüüs

خدانگهدار

Richt

جهت

Bagaasch

بار سفر

Tasch

کیف

Rüchsack

کوله پشتی

Gast

مهمان

Stuuv

اتاق

Slaapsack

کیسه خواب

Telt

خیمه

Touristeninformatschoon

مرکز راهنمای گردشگران

Strand

ساحل

Kreditkoort

کارت اعتباری

Fröhstück

صبحانه

Meddageten

نهار

Avendeten

شام

Fohrkort

بلیط

Fohrstohl

آسانسور

Breefmark

مهر

Grenz

مرز

Toll

گمرک

Bottschop

سفارتخانه

Visum

ویزا

Pass

گذرنامه

Transport

حمل و نقل

Fleger
هواپیما
Schipp
کشتی
Füerwehrauto
ماشین آتش نشانی
Autobus
اتوبوس
Lastwagen
کامیون
Motoorboot
قایق موتوری
Fohrrad
دوچرخه
Auto
اتومبیل

Fähr

کشتی مسافربری

Boot

قایق

Motoorrad

موتورسیکلت

Polizeiauto

ماشین پلیس

Rönnauto

ماشین مسابقه

Lehnwagen

ماشین کرایه ای

Carsharing

به اشتراک گذاری اتوموبیل

Afsleepwagen

جرثقیل

Müllauto

ماشین حمل زباله

Motoor

موتور

Kraftstoff

بنزین

Tanksteed

پمپ بنزین

Verkehrsschild

تابلو راهنمایی و رانندگی

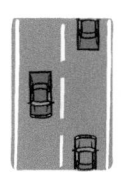

Verkehr

عبور و مرور

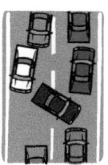

Stau

ترافیک

Afstellplatz

پارکینگ

Bahnhoff

ایستگاه قطار

Sporen

ریل راه آهن

Tog

قطار

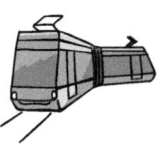

Stratenbahn

قطار برقی

Wagon

واگن

Dwarsmöhl

هليكوپتر

Flooghaven

فرودگاه

Tower

برج

Fohrgast

مسافر

Grootkist

کانتینر

Karton

کارتن

Koor

گاری

Korf

سبد

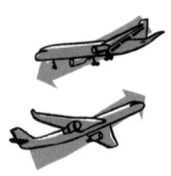

starten / lannen

به پرواز درآمدن / فرود آمدن

Stadt

شهر

Dörp

دهکده

Binnenstadt

مرکز شهر

Huus

خانه

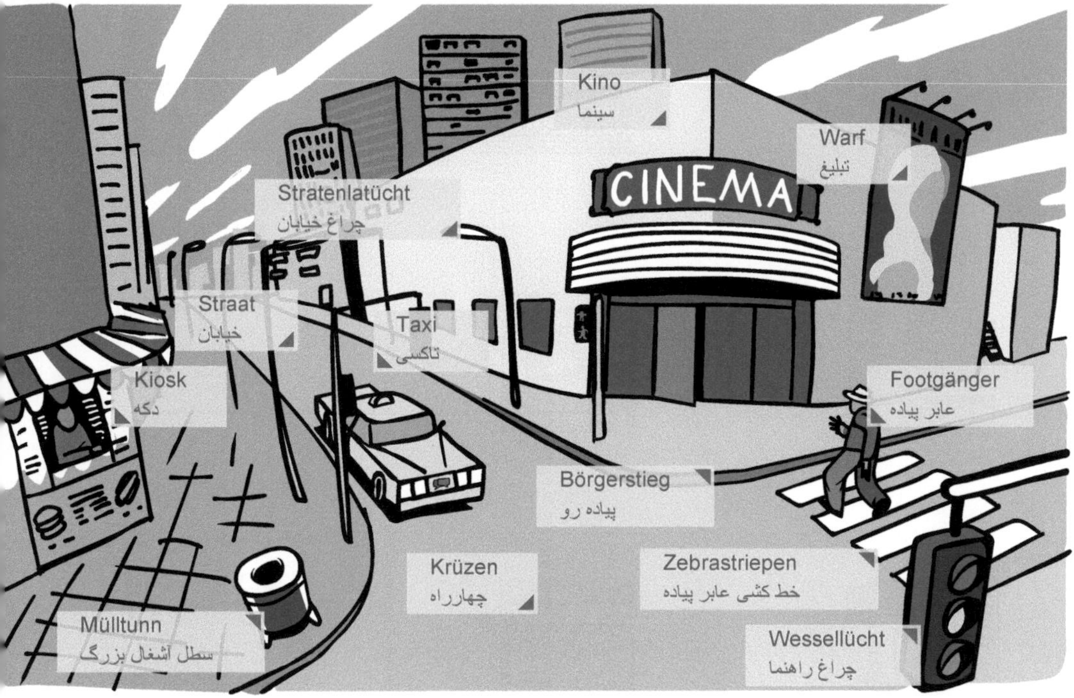

Kino
سینما
CINEMA
Warf
تبلیغ
Stratenlatücht
چراغ خیابان
Straat
خیابان
Taxi
تاکسی
Kiosk
دکه
Footgänger
عابر پیاده
Börgerstieg
پیاده رو
Krüzen
چهارراه
Zebrastriepen
خط کشی عابر پیاده
Mülltunn
سطل آشغال بزرگ
Wessellücht
چراغ راهنما

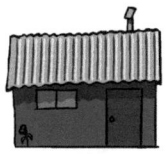

Hütt

کلبه

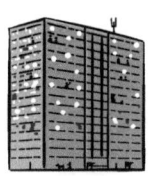

Wahnung

آپارتمان

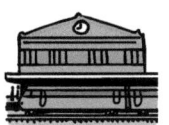

Bahnhoff

ایستگاه قطار

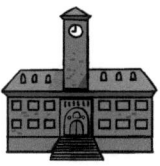

Raathuus

ساختمان شهرداری

MUSEUM

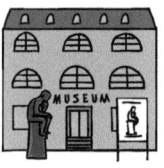

Museum

موزه

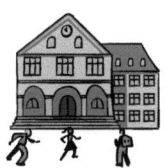

School

مدرسه

Universität

دانشگاه

Bank

بانک

Krankenhuus

بیمارستان

Hotel

هتل

Afteek

داروخانه

Büro

اداره

Bookhökerie

کتابفروشی

Hökerie

مغازه

Blomenhökerie

گل فروشی

Supermarkt

سوپرمارکت

Markt

بازار

Koophuus

فروشگاه بزرگ

Fischhökerie

ماهی فروش

Inkoopszentrum

مرکز خرید

Haven

بندر

Parkanlaag

پارک

Bank

نیمکت

Brüch

پل

Trepp

پله

Ünnergrundbahn

مترو

Tunnel

تونل

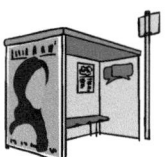

Busstoppsteed

ایستگاه اتوبوس

Bar

میخانه

Spieslokal

رستوران

Breefkassen

صندوق پست

Stratenschild

تابلوی خیابان

Parkklock

دستگاه پارکومتر

Deertenpark

باغ وحش

Baadanstalt

استخر شنای عمومی

Moschee

مسجد

Buernhoff

مزرعه

Ümweltversmudden

آلودگی محیط زیست

Karkhoff

قبرستان

Kark

کلیسا

Speelplatz

زمین بازی

Tempel

معبد

Landschop

چشم انداز

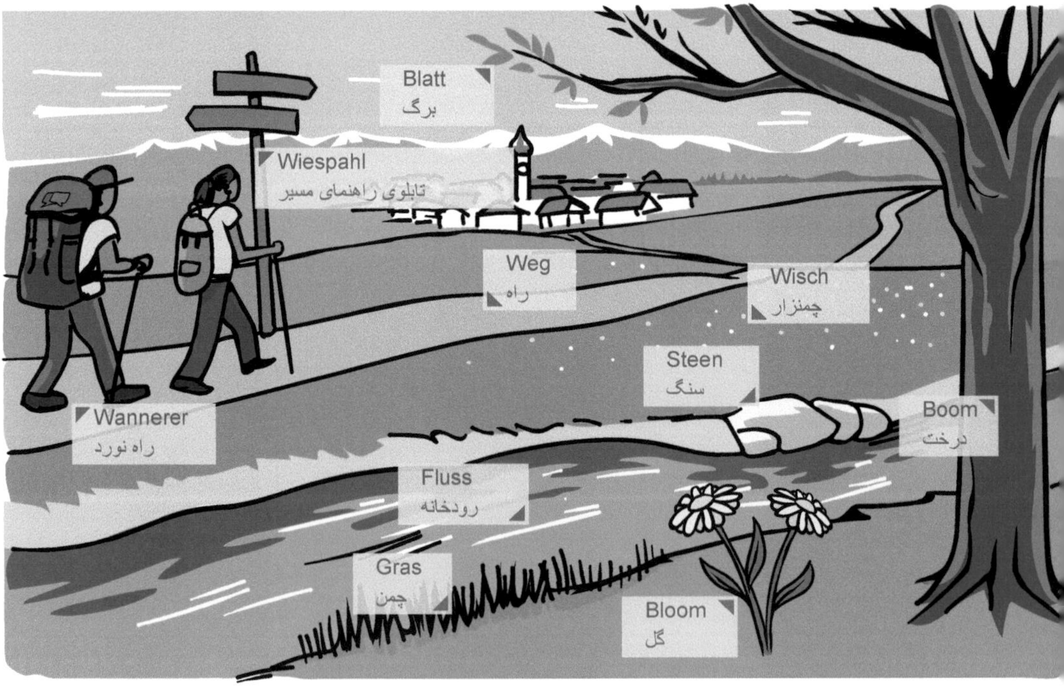

Blatt
برگ

Wiespahl
تابلوی راهنمای مسیر

Weg
راه

Wisch
چمنزار

Steen
سنگ

Boom
درخت

Wannerer
راه نورد

Fluss
رودخانه

Gras
چمن

Bloom
گل

Daal

دره

Barg

تپه

See

دریاچه

Holt

جنگل

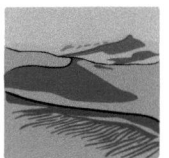

Wööst

بیابان

Füerspien Barg

کوه آتشفشان

Slott

قلعه

Regenbagen

رنگین کمان

Poggenstohl

قارچ

Palm

درخت نخل

Steekmück

پشه

Fleeg

مگس

Miegeemk

مورچه

Imm

زنبور

Spinn

عنکبوت

Sebber

سوسک

Pogg

قورباغه

Katteker

سنجاب

Swienegel

جوجه تیغی

Haas

خرگوش صحرایی

Uul

جغد

Vagel

پرنده

Swaan

قو

Wildswien

گراز

Hirsch

گوزن نر

Elk

گوزن شمالی

Staudamm

سد آب

Windrad

توربین بادی

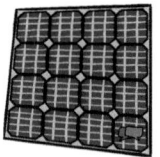

Solarmodul

صفحه ی خورشیدی

Klima

آب و هوا

Spieslokal

رستوران

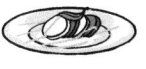

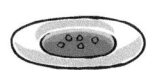

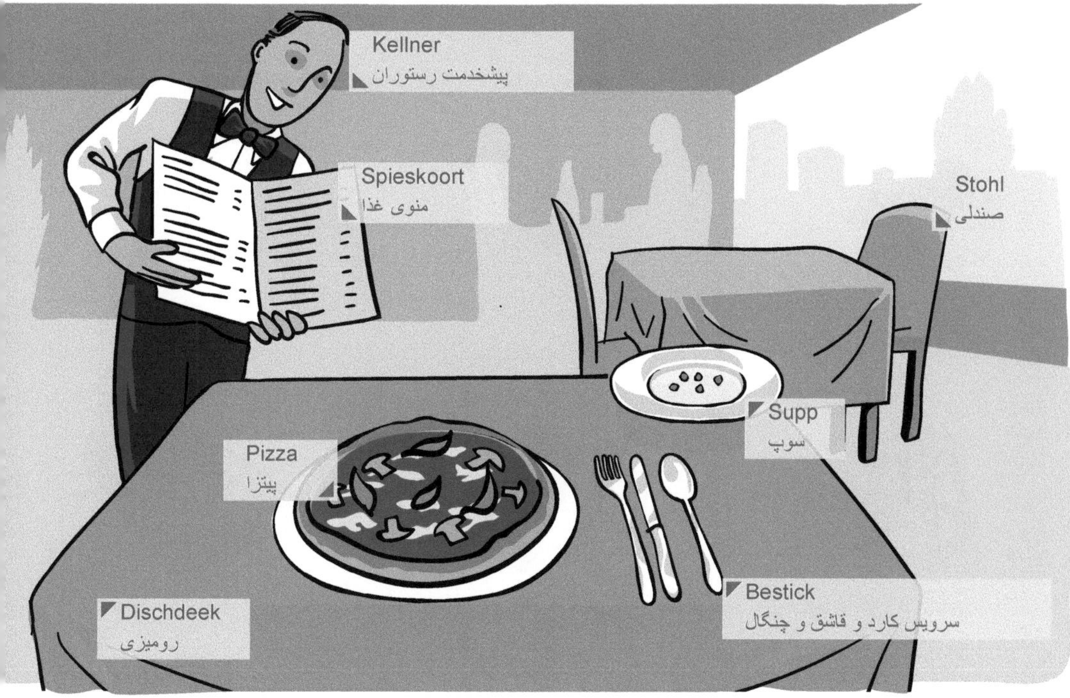

Kellner
پیشخدمت رستوران
Spieskoort
منوی غذا
Stohl
صندلی
Supp
سوپ
Pizza
پیتزا
Bestick
سرویس کارد و قاشق و چنگال
Dischdeek
رومیزی

Vörspies

پیش|غذا

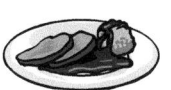

Haupteten

غذای اصلی

Nadisch

دسر

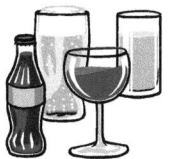

Drünk

نوشیدنی ها

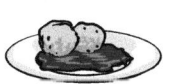

Eten

غذا

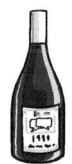

Buddel

بطری

Fastfood

فست فود

Strateneten

اغذیه خیابانی

Teekann

قوری

Zuckerdoos

قندان

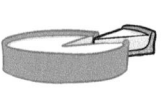

Portschoon

پُرس غذا

Espressomaschien

دستگاه اسپرسو

Hoochstohl

صندلی پایه بلند غذاخوری بچه

Reken

صورتحساب

Tablett

سینی

Mess

چاقو

Gavel

چنگال

Lepel

قاشق

Teelepel

قاشق چایخوری

Munddook

دستمال سفره

Glas

لیوان

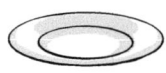

Töller

بشقاب

Suppentöller

بشقاب سوپخوری

Ünnertass

نعلبکی

Sooß

سس

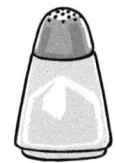

Soltstreuer

نمکدان

Pepermöhl

فلفل ساب

Etig

سرکه

Ööl

روغن خوراکی

Krüder

ادویه جات

Ketchup

سس کچاپ

Mostrich

سس خردل

Mayonnaise

سس مایونز

Supermarkt

سوپرمارکت

Anbott
پیشنهاد ویژه
FOR
Kunn
مشتری
Melkprodukten
لبنیات
Aaft
میوه جات
Inkoopswagen
چرخ دستی خرید

Slachterie

قصابی

Bäckerie

نانوایی

wegen

وزن کردن

Gröönsaken

سبزیجات

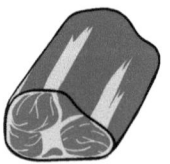

Fleesch

گوشت

Deepköhlkost

غذای منجمد

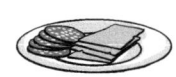

Opsnitt

مخلوطی از انواع کالباس یا پنیر که ورقه ای بریده شده باشند

Konserven

غذای کنسروی

Waschmiddel

پودر لباسشویی

Snoopkraam

شیرینی جات

Huushooltssaken

لوازم خانگی

Reinmaaktüüch

ماده شوینده و پاک کننده

Verköpersche

فروشنده

Kass

صندوق پرداخت

Kasserer

صندوقدار

Inkoopslist

لیست خرید

Opsparrtieden

ساعات کار

Breeftasch

کیف پول

Kreditkoort

کارت اعتباری

Tasch

کیف

Plastiktüüt

کیسه ی پلاستیکی

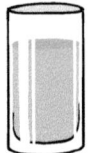

Drünk

نوشیدنی ها

Water

آب

Saft

آبمیوه

Melk

شیر

Cola

نوشابه کوکاکولا

Wien

شراب

Beer

آبجو

Spriet

الکل

Kakao

کاکائو

Tee

چای

Koffie

قهوه

Espresso

قهوه اسپرسو

Cappucino

کاپوچینو

Banaan

موز

Appel

سیب

Appelsien

پرتقال

Meloon

انواع هندوانه و خربزه

Zitroon

لیمو

Wöttel

هویج

Knuuvlook

سیر

Bambus

نی بامبو

Zibbel

پیاز

Poggenstohl

قارچ

Nööt

آجیل

Nudeln

ماکارونی

Spaghetti

اسپاگتی

Ries

برنج

Salat

سالاد

Pommes frites

سیب زمینی سرخ کرده

Braadkantüffeln

سیب زمینی سرخ شده

Pizza

پیتزا

Hamborger

همبرگر

Sandwich

ساندویچ

Snitzel

شنیتسل

Schinken

ژامبون خوک

Salami

سالامی

Wust

سوسیس

Hohn

مرغ

Braden

نوعی گوشت سرخ شده

Fisch

ماهی

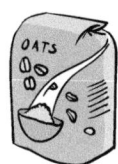

Haverflocken

جوی پرک شده

Müsli

نوعی صبحانه مخلوطی از برگه ذرت و
میوه های خشک شده و خشکبار که
معمولا با شیر خورده می شود

Cornflakes

کورنفلکس

Mehl

آرد

Croissant

کرواسان

Rundstück

نان بروتشن

Broot

نان

Toast

نان تست

Keksen

بیسکویت

Botter

کره

Quark

کشک

Koken

کیک

Ei

تخم مرغ

Spegelei

تخم مرغ نیمرو

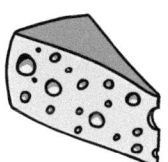

Kees

پنیر

Ies

بستنی

Zucker

شکر

Honnig

عسل

Marmelaad

مربا

Nougat-Creme

کرم شکلاتی بادامی

Curry

ادویه کاری

Buernhoff

مزرعه

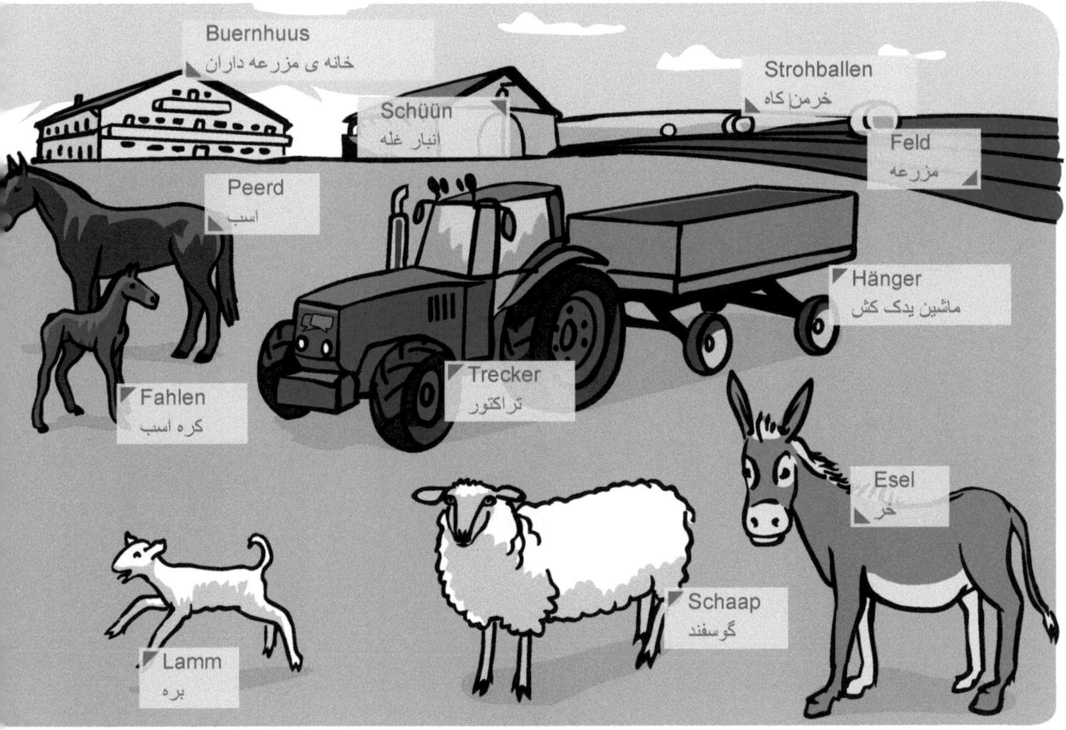
Buernhuus
خانه ی مزرعه داران
Schüün
انبار غله
Strohballen
خرمن گاه
Feld
مزرعه
Peerd
اسب
Hänger
ماشین یدک کش
Trecker
تراکتور
Fahlen
کره اسب
Esel
خر
Schaap
گوسفند
Lamm
بره

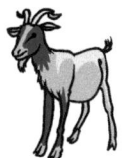

Zeeg

بز

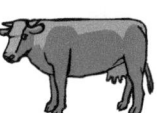

Koh

گاو ماده

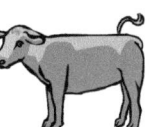

Kalf

گوساله

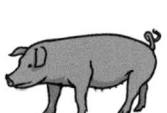

Swien

خوک

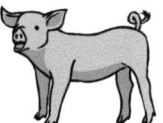

Farken

بچه خوک

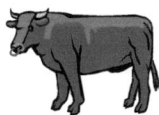

Bull

گاو نر

Goos

غاز

Aant

اردک

Küken

جوجه

Hohn

مرغ

Hahn

خروس

Rott

موش صحرایی

Katt

گربه

Muus

موش

Oss

گاو نر اخته

Hund

سگ

Hunnenhütt

لانه ی سگ

Goornslauch

شلنگ باغبانی

Geetkann

آبپاش

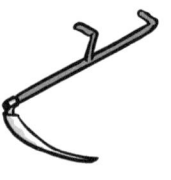

Lee

داس دسته بلند

Ploog

گاوآهن

Sich

داس

Hack

کج بیل

Mestfork

چنگک باغبانی

Ext

تبر

Schuufkoor

فرقون

Trog

آبشخور

Melkkann

بطری نگهداری شیر

Sack

کیسه

Tuun

حصار

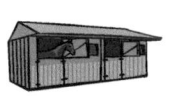

Stall

اصطبل

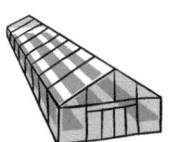

Drievhuus

گلخانه

Bodden

خاک

Saat

بذر

Dünger

کود

Meihdöscher

ماشین کمباین

oornen

برداشت کردن محصول

Oorn

محصول

Yamswöttel

تمیس

Weten

گندم

Soja

سویا

Kantüffel

سیب زمینی

Törksche Weten

ذرت

Rapp

کلزا

Aaftboom

درخت میوه

Troopsch Kantüffel

گیاه مانیوک

Koorn

غلات

Schosteen
دودکش
Dack
پشت بام
Regenrönn
ناودان
Finster
پنجره
Garaasch
گاراژ
Döörklock
زنگ در
Döör
در
Müllemmer
سطل آشغال
Breefkassen
صندوق مراسلات
Goorn
باغ

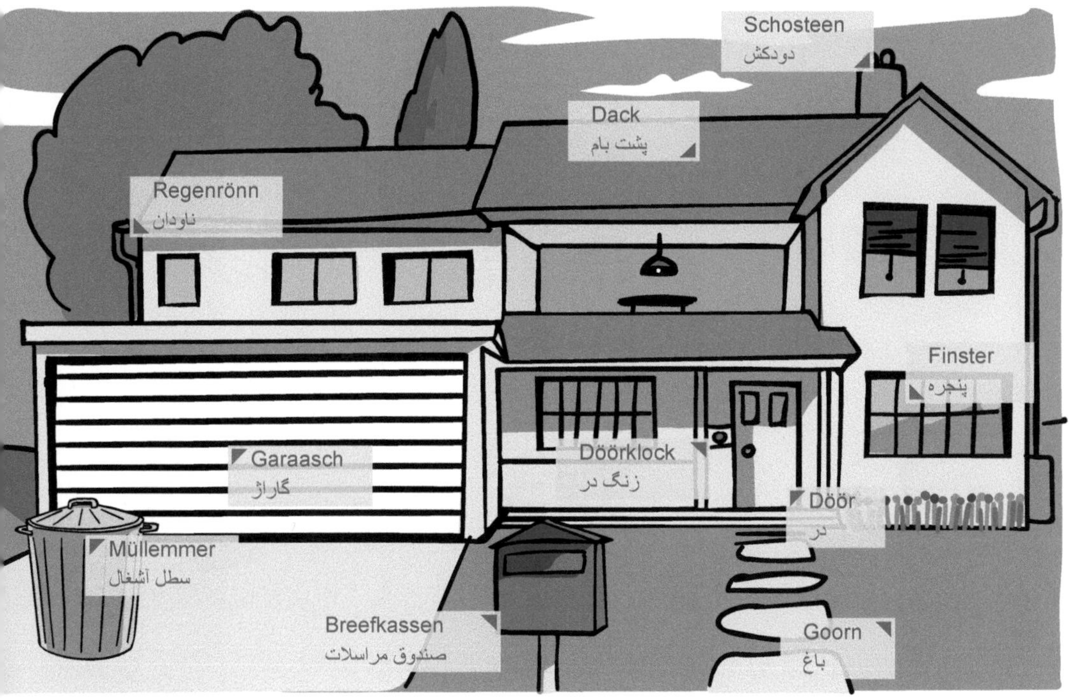

Wahnstuuv

اتاق نشیمن

Baadstuuv

حمام

Köök

آشپزخانه

Slaapstuuv

اتاق خواب

Kinnerstuuv

اتاق بچه

Eetstuuv

ناهارخوری

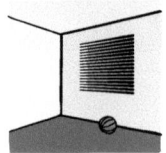

Footbodden

کف زمین

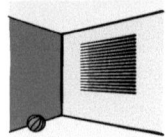

Wand

دیوار

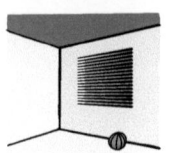

Deek

سقف

Keller

زیرزمین

Hittluftbad

سونا

Balkon

بالکن

Terrass

تراس

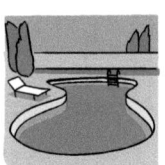

Swümmbad

استخر

Rasenmeiher

ماشین چمنزنی

Bettbetog

ملافه

Bettdeek

روتختی

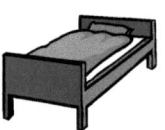

Puuch

تخت خواب

Bessen

جارو

Emmer

سطل

Schalter

سویچ یا کلید

Wahnstuuv
اتاق نشیمن

Tapeet
کاغذ دیواری
Bild
عکس
Lamp
لامپ
Regal
قفسه
Schapp
کابینت
Kiekkassen
تلویزیون
Kamin
شومینه
Bloom
گل
Küssen
کوسن
Sofa
کاناپه
Vaas
گلدان
Feernbedenen
کنترل تلویزیون و ویدئو و غیره

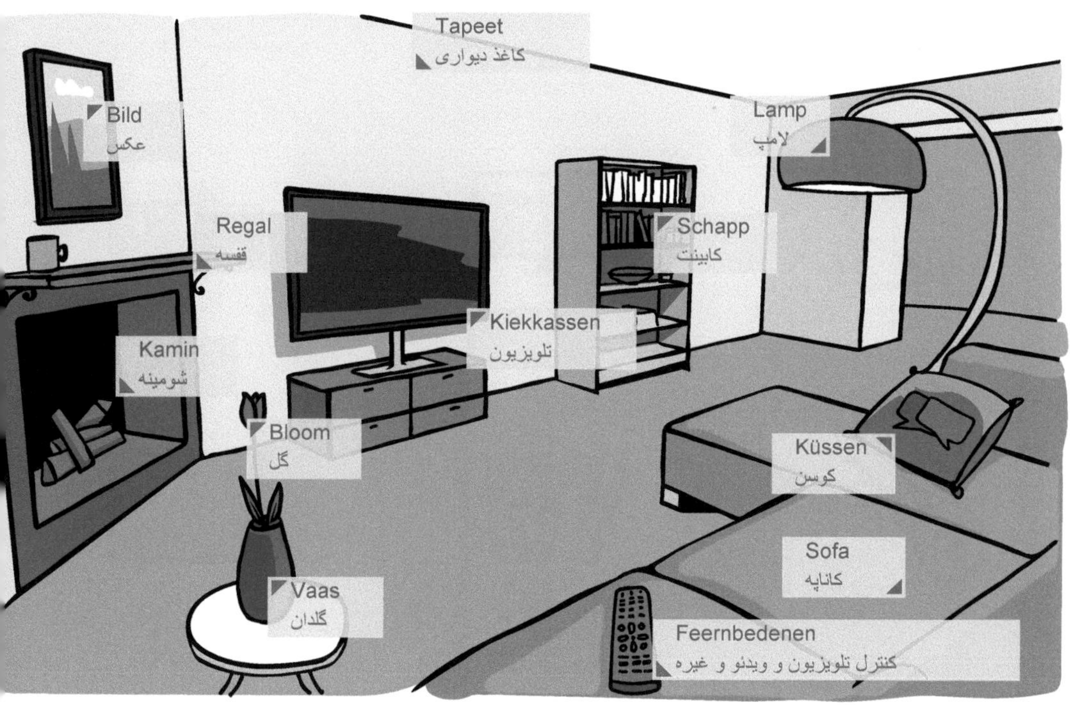

Teppich
فرش

Vörhang
پرده

Disch
میز

Stohl
صندلی

Schuckelstohl
صندلی گهواره ایی

Sessel
صندلی راحتی

Book

كتاب

Deek

لحاف

Dekoratschoon

دكوراسيون

Füerholt

هيزم

Film

فيلم

Stereoanlaag

دستگاه ضبط صوت

Slötel

كليد

Narichtenblatt

روزنامه

Gemälde

تابلو نقاشى

Poster

پوستر

Radio

راديو

Opschrievblock

دفترچه يادداشت

Huulbessen

جاروبرقى

Kaktus

كاكتوس

Kars

شمع

Köök
آشپزخانه

Köhlschapp
یخچال
Mikrowell
ماکروویو
Kökenwaag
Toaster
تُستِر
Reinmaakmiddel
ماده شوینده و پاک کننده
Backaven
فر خوراک پزی
Gefreerfack
جایخی
Müllemmer
سطل آشغال
Opwaschmaschien
ماشین ظرفشویی

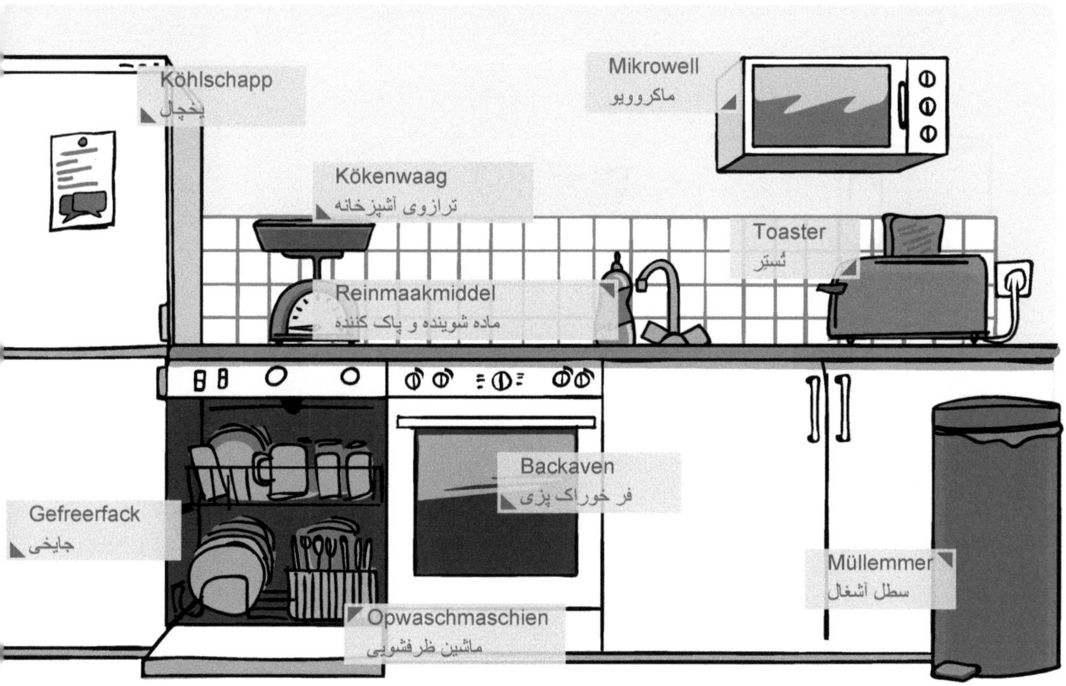

Heerd

اجاق گاز

Pott

قابلمه

Gussiesern Putt

قابلمه چدنی

Wok / Kadai

ماهی تابه گود

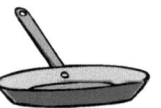

Pann

ماهی تابه

Waterkaker

کتری

Dampkaakputt

بخارپز

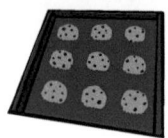

Backblick

سینی فر

Geschirr

ظرف چینی آشپزخانه

Beker

لیوان

Schaal

کاسه

Eetsticken

چاپستیک

Suppenkell

ملاقه

Pannenwenner

کفگیر

Sneebessen

همزن

Kaakseef

آبکش

Seef

آبکش

Riev

رنده

Mörser

هاون

Grill

باربیکیو

Füerstell

محل مخصوص افروختن آتش

Sniedbrett

تخته گوشت و سبزی

Nudelholt

وردنه

Proppentrecker

در بطری بازکن

Doos

قوطی

Dosenaapner

در قوطی بازکن

Pottlappen

دستگیره پارچه ای

Waschbecken

سینک ظرفشویی

Böst

برس گردگیری

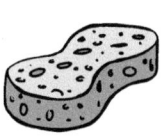

Swamm

اسفنج

Mixer

مخلوط کن

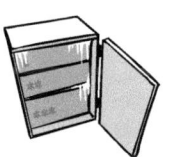

Iesschapp

فریزر

Nuckelbuddel

شیشه شیر بچه

Waterhahn

شیر آب

Baadstuuv

حمام

Heizung
بخاری
Handdook
حوله
Bruus
دوش
Bruusvörhang
پرده ی حمام
Schuumbad
حمام کف
Baadwann
وان حمام
Glas
لیوان
Waschmaschien
ماشین لباسشویی
Fliesen
کاشی
Waterhahn
شیر آب
lütte Putt
لگن دستشویی کودکان
Waschbecken
سینک ظرفشویی

Tante Meier

توالت

Hockklo

توالت ایرانی

Bidet

کاسه توالت

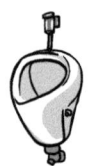

Miegbecken

توالت مخصوص آقایان

Klopapeer

دستمال توالت

Kloböst

فرچه توالت

Tähnböst

مسواک

Tähnpast

خمیردندان

Tähnsied

نخ دندان

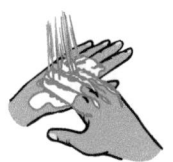

waschen

شستن

Handbruus

دوش آب تلفنی

Intimbruus

شلنگ توالت

Waschschöttel

لگن روشویی

Rüchböst

برس شست و شوی پشت

Seep

صابون

Bruusgeel

شامپو بدن

Hoorwaschmiddel

شامپو

Waschlappen

لیف حمام

Afloop

راه آب

Creme

کرم

Deodorant

اسپری دئودورانت

Spegel

آیینه

Kosmetikspegel

آیینه ی کوچک دستی

Raserer

تیغ ریش تراشی

Raseerschuum

کف ریش تراشی

Raseerwater

افترشیو

Kamm

شانه ی سر

Böst

برس

Hoordröger

سشوار

Hoorspray

اسپری مو

Smink

آرایش

Lippensticken

رژلب

Nagellack

لاک ناخن

Watt

پنبه

Nagelscheer

قیچی ناخن

Rüükwater

عطر

Kulturbüdel

کیف لوازم آرایشی و بهداشتی

Schemel

چهارپایه

Waag

ترازو

Baadmantel

حوله ی پالتویی

Gummihanschen

دستکش ظرفشویی

Tampon

تامپون

Damenbinn

نوار بهداشتی

Chemieklo

توالت سیار

Kinnerstuuv

اتاق بچه

Wecker
ساعت زنگدار
Knudeldeert
نوعی عروسک نرم به شکل حیوانات
Speeltüüchauto
ماشین اسباب بازی
Klöter
Poppenhuus
خانه ی عروسکی
Geschenk
کادو

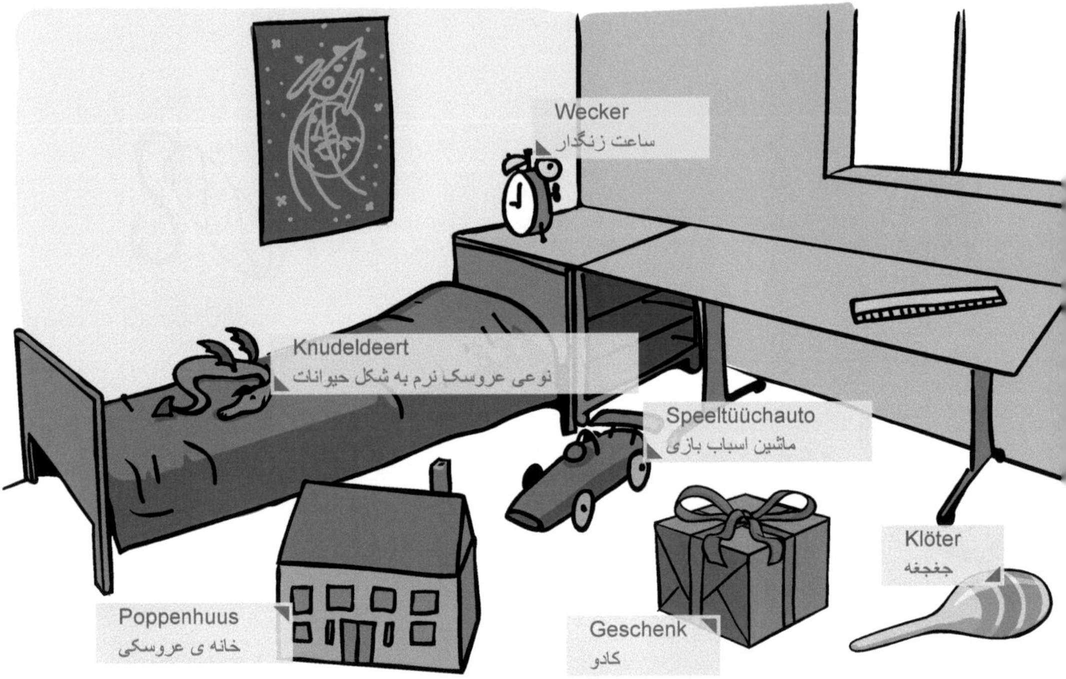

Luftballon

بادکنک

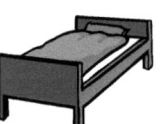

Puuch

تخت خواب

Kinnerwagen

کالسکه بچه

Koortenspeel

بازی ورق

Puzzle

پازل

Billergeschicht

داستان مصور

Legostenen

اسباب بازی لگو

Bustenen

خانه سازی

Action-Figur

عروسک شخصیت های فیلم و کارتون

Strampelantog

لباس نوزاد

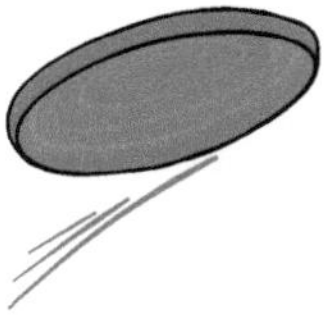

Frisbeeschiev

فریزبی

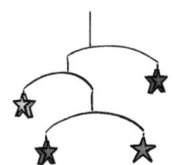

Mobile

نوعی اسباب بازی که روی تخت نوزاد
یا کودک نصب می شود

Brettspeel

بازی روی صفحه

Wörpel

تاس

Modelliesenbahn

قطار اسباب بازی

Snuller

پستانک

Party

مهمانی

Billerbook

کتاب مصور

Ball

توپ

Popp

عروسک

spelen

بازی کردن

Sandkassen

جعبه شنی مخصوص بازی کودکان

Schuckel

تاب

Speeltüüch

اسباب بازی

Speelkonsool

کنسول بازی های کامپیوتری

Dreerad

سه چرخه

Teddyboor

خرس عروسکی

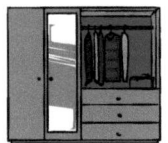

Klederschapp

کمد لباس

Tüüch

لباس

Socken

جوراب

Strümp

جوراب زنانه ساق بلند

Strumpbüx

جوراب شلواری

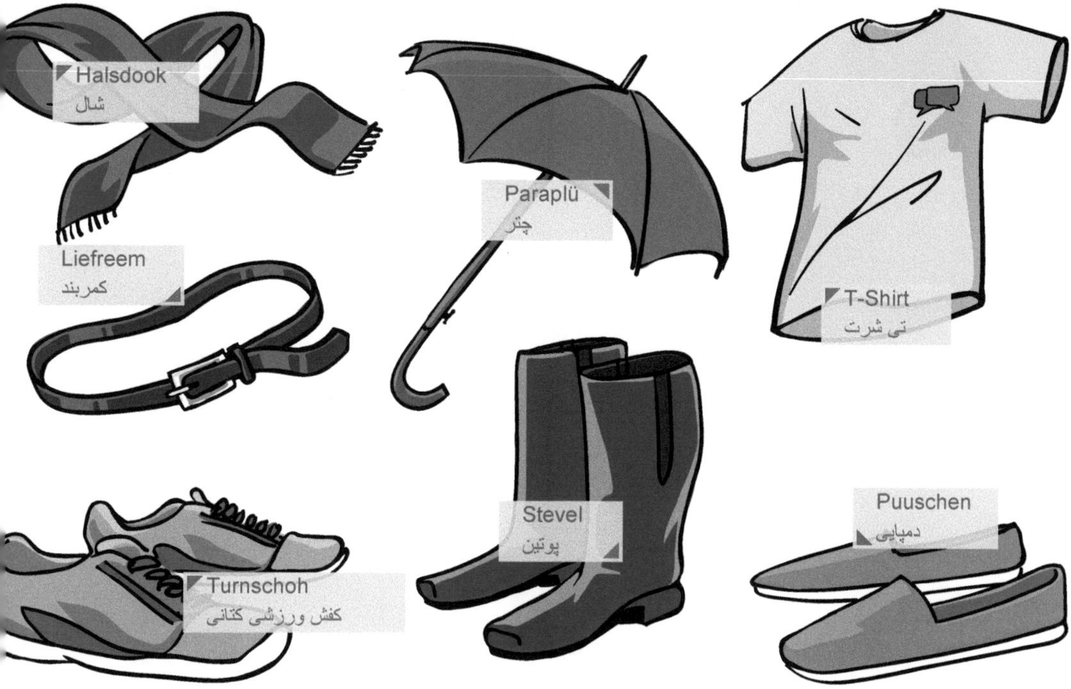

Halsdook
شال

Liefreem
کمربند

Paraplü
چتر

T-Shirt
تی شرت

Stevel
پوتین

Puuschen
دمپایی

Turnschoh
کفش ورزشی کتانی

Sandalen
....
صندل

Schoh
....
کفش

Gummistevel
....
چکمه پلاستیکی

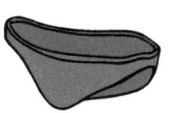
Ünnerbüx
....
شرت

Bostholler
....
سوتین

Ünnerhemd
....
جلیقه

Lief

بادی

Büx

شلوار

Jeansnüx

جین

Rock

دامن

Bluus

بلوز

Hemd

پیراهن

Pullover

پولیور

Kapuzenpullover

سویی شرت‌‌

Blazer

نوعی کت

Jack

ژاکت

Mantel

کت بلند

Övertrecker

بارانی

Kostüm

لباس نمایش

Kleed

لباس

Hochtietskleed

لباس عروس

Antog

كت و شلوار

Nachtkleed

لباس خواب زنانه

Slaapantog

پیژامه

Sari

ساری

Koppdook

روسری

Turban

عمامه

Burka

برقع

Kaftan

قبا

Abaya

عبا

Baadantog

لباس شنا

Baadbüx

شرت شنا

Korte Büx

شلوارک

Antog to'n Öven

لباس ورزشی

Schört

پیشبند

Handschoh

دستکش

Knopp

دکمه

Brill

عینک

Armband

دستبند

Halskeed

گردنبند

Ring

انگشتر

Ohrbummel

گوشواره

Mütz

کلاه لبه دار

Klederbögel

چوب لباسی

Hoot

کلاه

Binner

کراوات

Rietslüter

زیپ

Helm

کلاه ایمنی

Drachtband

بند شلوار

Schooluniform

لباس مدرسه

Uniform

لباس فرم

Severböten

پیش بند بچه

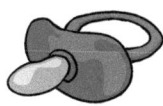

Snuller

پستانک

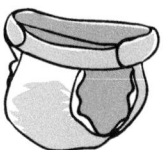

Winnel

پوشک بچه

Büro

اداره

Server
سرور
Aktenschapp
کمد نگهداری پرونده
Drucker
چاپگر
Papeer
کاغذ
Bildschirm
مانیتور
Muus
ماوس
Schrievdisch
میز تحریر
Orner
زونکن
Knoopboord
صفحه کلید
Papeerkorf
سبد کاغذ باطله
Computer
کامپیوتر
Stohl
صندلی

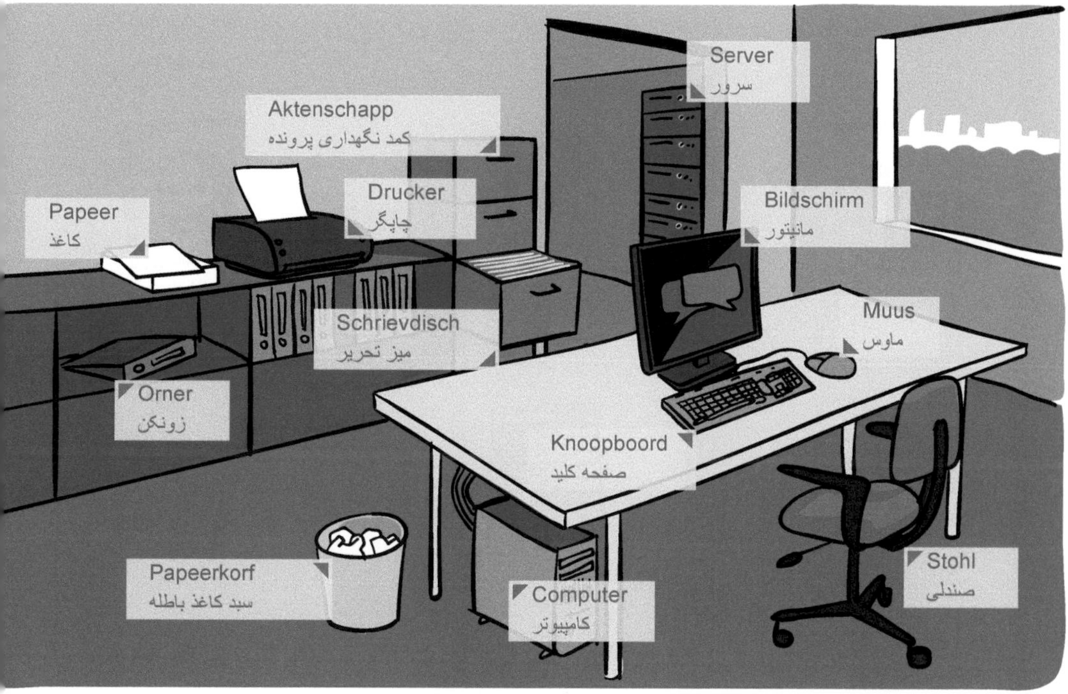

Koffiebeker

لیوان قهوه

Taschenreekner

ماشین حساب

Internet

اینترنت

Klappreekner

لپ تاپ

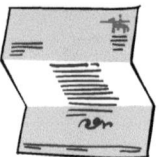

Breef

نامه

Naricht

پیغام

Ackersnacker

تلفن همراه

Nettwark

شبکه ی ارتباطی

Kopeerapparat

دستگاه فتوکپی

Software

نرم افزار

Klöönkassen

تلفن

Steekdoos

پریز

Faxapparat

دستگاه فاکس

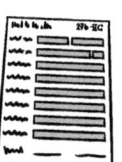

Formulor

فرم

Dokument

مدرک

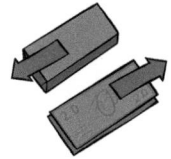

köpen

خریدن

betahlen

پرداخت کردن

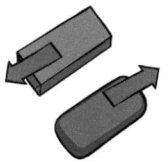

hanneln

تجارت کردن

Geld

پول

Dollar

دلار

Euro

یورو

Yen

ین

Ruvel

روبل

Swiezer Franken

فرانک سوئیس

Renminbi Yuan

یوان رنمینبی

Rupie

روپیه

Geldautomat

دستگاه خودپرداز

Wesselstuuv

صرافی

Gold

طلا

Sülver

نقره

Ööl

نفت

Energie

انرژی

Pries

قیمت

Verdrag

قرارداد

Stüer

مالیات

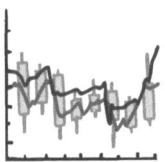

Andeelschien

سهام سرمایه

arbeiden

کار کردن

Anstellte

کارمند

Arbeitgever

کارفرما

Fabrik

کارخانه

Hökerie

مغازه

Profeschonen

مشاغل

Wachtmeester
مامور پلیس
Füerwehrmann
آتش نشان
Kock
آشپز
Dokter
دکتر
Fleger
خلبان

Goorner
باغبان

Discher
نجار

Neihersche
خیاط زنانه

Richter
قاضی

Chemiker
شیمیدان

Schauspeler
بازیگر

Busfohrer

راننده اتوبوس

Taxifohrer

راننده تاکسی

Fischer

ماهیگیر

Reinmaakfru

نظافتچی زن

Dackdecker

سقف ساز

Kellner

پیشخدمت رستوران

Jäger

شکارچی

Maler

نقاش

Bäcker

نانوا

Elektriker

برقکار

Buarbeider

کارگر ساختمانی

Ingenieur

مهندس

Slachter

قصاب

Klempner

لوله کش

Postbüdel

پستچی

Suldat

سرباز

Architekt

معمار

Kasserer

صندوقدار

Florist

گل فروش

Putzbüdel

آرایشگر

Schaffner

مامور کنترل بلیط در قطار

Mechaniker

مکانیک

Kaptein

ناخدا

Tähndokter

دندانپزشک

Wetenschopler

دانشمند

Rabbi

عالم یهودی

Imam

امام

Mönk

راهب

Paap

کشیش

Warktüüch

ابزارآلات

Hamer
چکش
Tang
انبردست
Schruvendreiher
پیچ گوشتی
Schruvenslötel
آچار
Taschenlamp
چراغ قوه

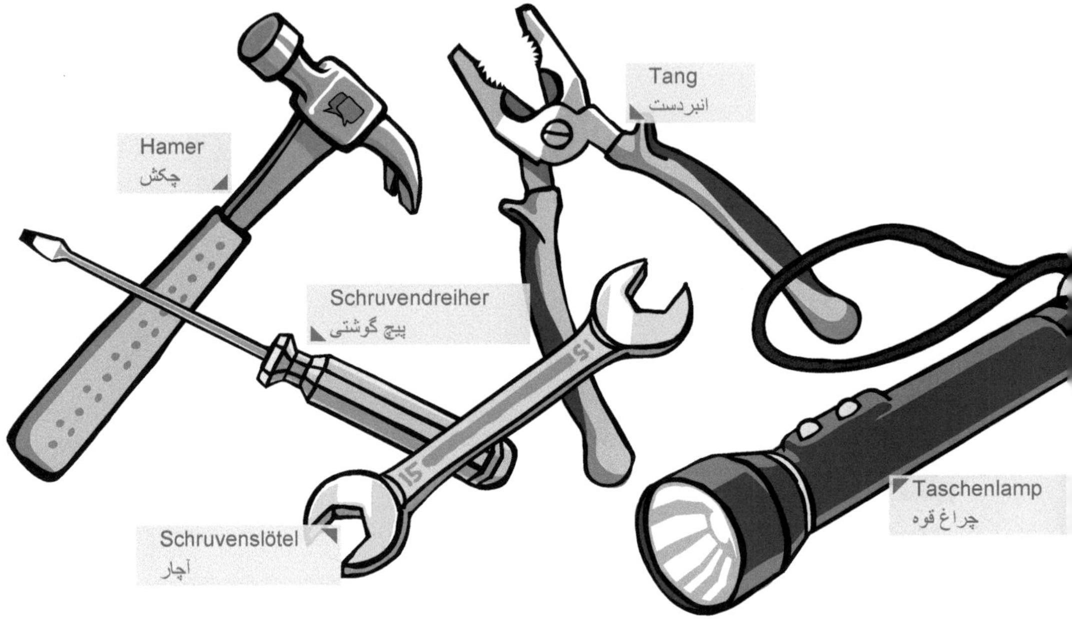

Grieper

بیل مکانیکی

Warktüüchkassen

جعبه ابزار

Ledder

نردبان

Saag

ارّه

Nagels

میخ

Bohrer

مته

heelmaken

تعمیر کردن

Schüffel

بیل

Schiet!

لعنتی!

Kehrblick

خاک انداز

Farvpott

سطل رنگرزی

Schruven

پیچ

Musikinstrumenten

آلات موسیقی

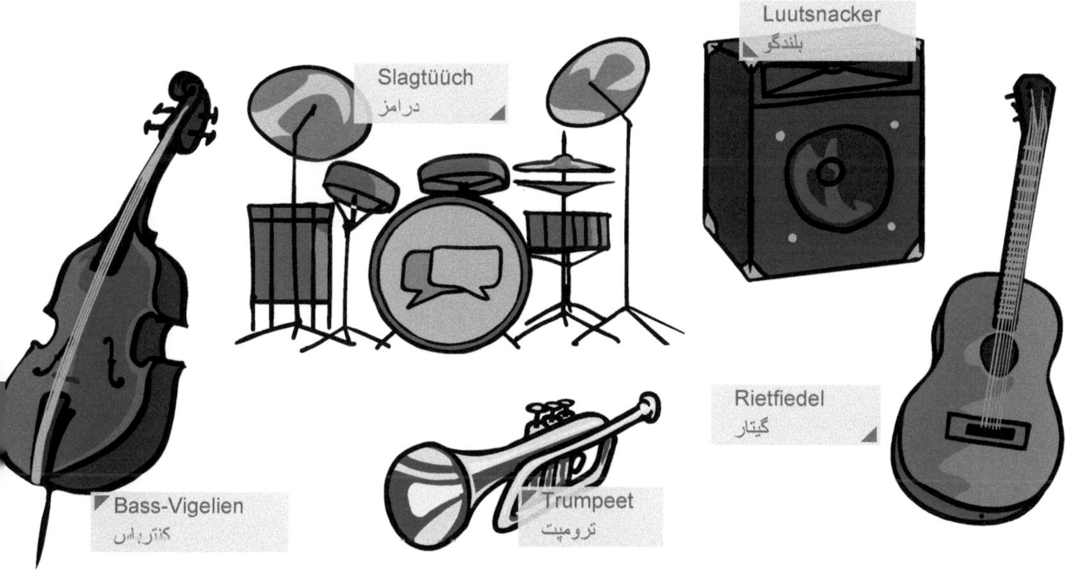

Luutsnacker
بلندگو

Slagtüüch
درامز

Rietfiedel
گیتار

Bass-Vigelien
کنترباس

Trumpeet
ترومپت

Klaveer

پیانو

Vigelien

ویولن

Bass

گیتار بیس

Pauk

تیمپانی

Trummeln

طبل

Keyboard

کیبورد الکتریک

Saxophon

ساکسیفون

Fleut

فلوت

Mikrofoon

میکروفون

Deertenpark

باغ وحش

Tiger
ببر
Käfig
قفس
Ingang
ورودی
Zebra
گورخر
Deertenfoder
خوراک حیوانات
Panda-Boor
خرس پاندا

Deerten

حیوانات

Elefant

فیل

Känguru

کانگورو

Neeshoorn

کرگدن

Gorilla

گوریل

Boor

خرس

Kameel

شتر

Struuß

شترمرغ

Lööv

شیر

Aap

میمون

Flamingo

فلامینگو

Papagoi

طوطی

Iesboor

خرس قطبی

Pinguin

پنگوئن

Haifisch

کوسه

Pageluun

طاووس

Slang

مار

Krokodil

تمساح

Oppasser in'n Deertenpark

نگهبان باغ وحش

Saalhund

خوک آبی

Jaguor

پلنگ امریکایی

Pony

اسب کوچک

Leopard

پلنگ

Nilpeerd

اسب آبی

Giraff

زرافه

Aadler

عقاب

Wildswien

گراز

Fisch

ماهی

Schildkrööt

لاک پشت

Walross

شیرماهی

Voss

روباه

Gazell

غزال

Sport
ورزش ها

Amerikaansch Football
فوتبال آمریکایی
Radfohren
دوچرخه سواری
Tennis
تنیس
Korfball
بسکتبال
Swümmen
شنا
Ieshockey
هاکی روی یخ
Boxen
بوکس

Football
فوتبال

Fedderball
بدمینتون

Leichtathletik
دوومیدانی

Handball
هندبال

Skilopen
اسکی

Polo
پولو

Aktivitäten

فعالیت ها

lachen
خندیدن
springen
پریدن
ümarmen
بغل کردن
gahn
راه رفتن
singen
آواز خواندن
drömen
رؤیا دیدن
beden
دعا کردن
snuteln
بوسیدن

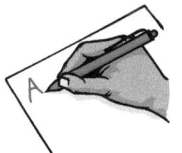

schrieven
نوشتن

teken
رسم کردن

wiesen
نشان دادن

drücken
هل دادن

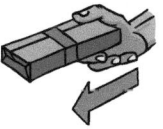

geven
دادن

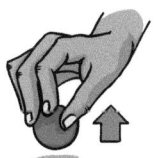

nehmen
برداشتن

hebben

داشتن

doon

انجام دادن

sien

بودن

stahn

ایستادن

lopen

دویدن

trecken

کشیدن

smieten

پرتاب کردن

fallen

افتادن

liggen

دراز کشیدن

töven

منتظر بودن

dregen

حمل کردن

sitten

نشستن

antrecken

لباس پوشیدن

slapen

خوابیدن

opwaken

بیدار شدن

ankieken

تماشا کردن

wenen

گریه کردن

eien

نوازش کردن

kämmen

شانه کردن

snacken

حرف زدن

verstahn

فهمیدن

fragen

پرسیدن

hören

شنیدن

drinken

آشامیدن

eten

خوردن

oprümen

مرتب کردن

leefhebben

عاشق بودن

kaken

پختن

fohren

رانندگی کردن

flegen

پرواز کردن

segeln

قایقرانی کردن

reken

محاسبه کردن

lesen

خواندن

lehren

یاد گرفتن

arbeiden

کار کردن

de Plünnen tohoopsmieten

ازدواج کردن

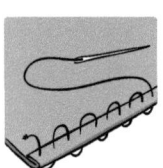

neihen

دوختن

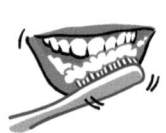

Tähnen putzen

مسواک زدن

dootmaken

کشتن

smöken

سیگار کشیدن

schicken

فرستادن

Familje
خانواده

Grootmoder
مادربزرگ
Grootvadder
پدربزرگ
Vadder
پدر
Moder
مادر
Winnelkind
کودک
Dochter
فرزند دختر
Söhn
فرزند پسر

Gast

مهمان

Tant

خاله، عمه

Unkel

دایی، عمو

Broder

برادر

Süster

خواهر

Lief

بدن

Vörkopp
پیشانی
Oog
چشم
Schuller
شانه
Finger
انگشت دست
Gesicht
صورت
Kinn
چانه
Hand
دست
Been
ساق پا
Bost
سینه
Arm
بازو

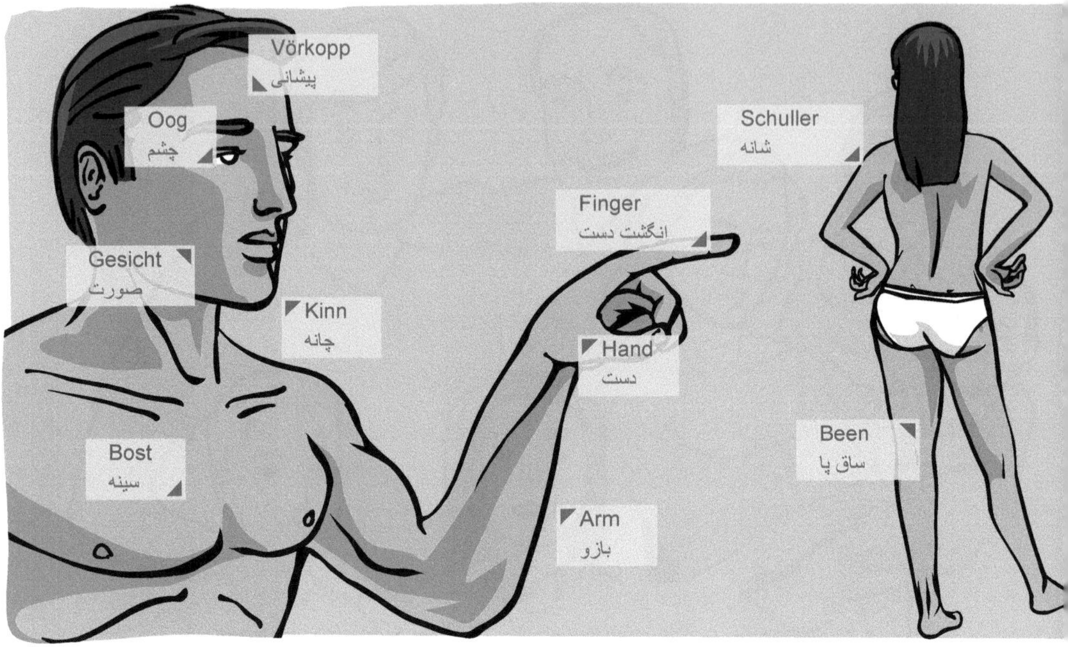

Winnelkind
کودک

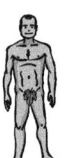

Mann
مرد

Fro
زن

Deern
دختربچه

Jung
پسربچه

Arm
کله

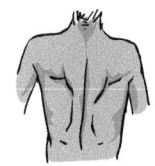

Rüch

کمر

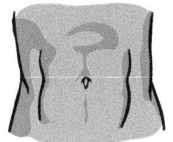

Buuk

شکم

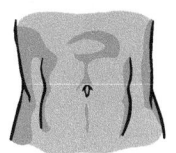

Navel

ناف

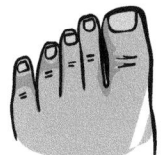

Teh

انگشت پا

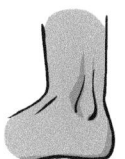

Hack

پاشنه

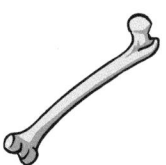

Knaken

استخوان

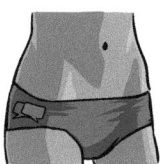

Hüft

لگن

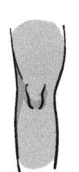

Knee

زانو

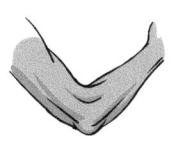

Ellbagen

آرنج

Nees

بینی

Achtersen

نشیمنگاه

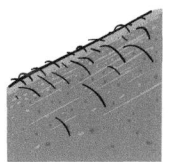

Huut

پوست

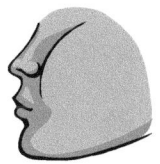

Back

گونه

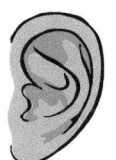

Ohr

گوش

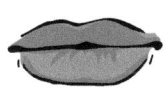

Lipp

لب

Mund

دهان

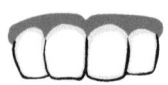

Tähn

دندان

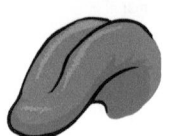

Tung

زبان

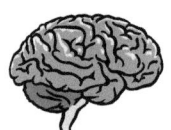

Bregen

مغز

Hart

قلب

Muskel

عضله

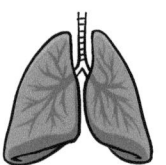

Lung

ریه

Lever

کبد

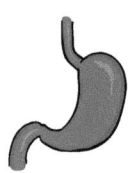

Maag

معده

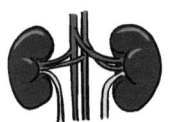

Neren

کلیه

Bislaap

آمیزش جنسی

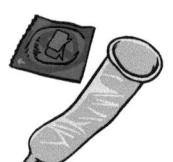

Kondoom

کاندوم

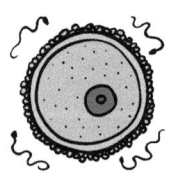

Eizell

تخمک

Sperma

اسپرم

Anner Ümstänn

حاملگی

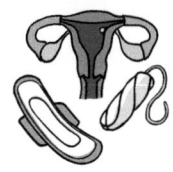

Menstruatschoon

پریود

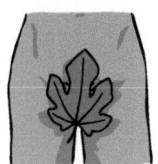

Scheed

واژن

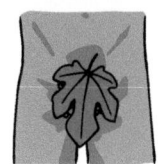

Pint

آلت تناسلی مرد

Ogenbroe

ابرو

Hoor

مو

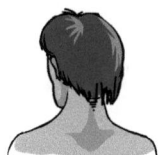

Hals

گردن

Krankenhuus

بیمارستان

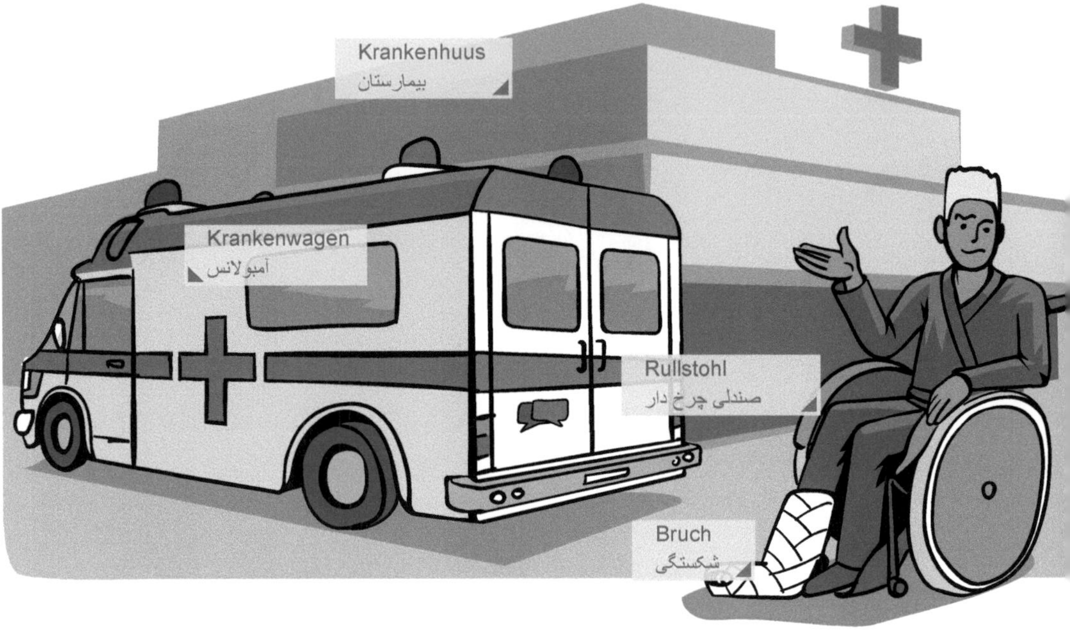

Krankenhuus
بیمارستان
Krankenwagen
آمبولانس
Rullstohl
صندلی چرخ دار
Bruch
شکستگی

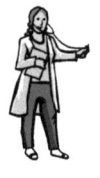

Dokter

دکتر

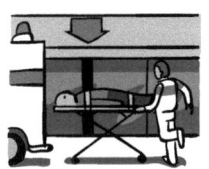

Nootopnahm

بخش اورژانس

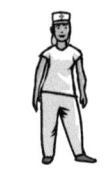

Krankensüster

پرستار

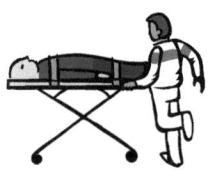

Nootfall

موقعیت اضطراری

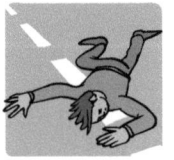

ahnmächtig

بی هوش

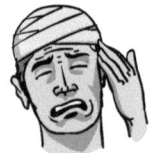

Wehdaag

درد

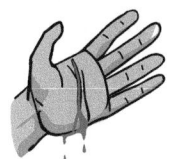

Verwunnen

مصدومیت

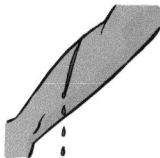

Blöden

خونریزی

Hartinfarkt

سکته قلبی

Slaganfall

سکته مغزی

Allergie

آلرژی

Hoosten

سرفه

Fever

تب

Gripp

آنفولانزا

Dörchfall

اسهال

Koppwehdaag

سردرد

Kreeft

سرطان

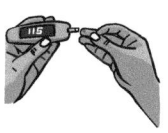

Zuckersüük

دیابت

Chirurg

جراح

Chirurgsch Mess

چاقوی جراحی

Operatschoon

عمل جراحی

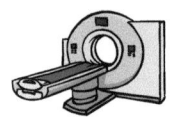

CT

سی تی اسکن

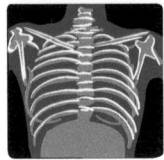

Dörchlüchten

پرتونگاری

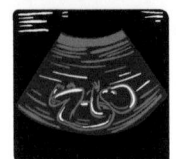

Ultraschall

سونوگرافی

Mask

ماسک صورت

Krankheit

بیماری

Töövruum

اتاق انتظار

Krück

چوب زیر بغل

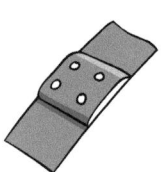

Plaaster

چسب زخم

Verband

پانسمان

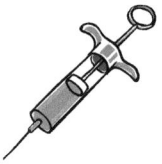

Insprütten

تزریق

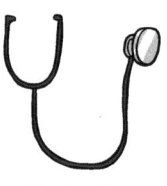

Stethoskop

گوشی طبی

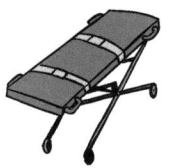

Draag

برانکار

Feverthermometer

دماسنج

Geboort

زایش

Övergewicht

اضافه وزن

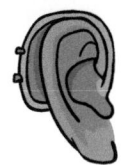

Höörapparat

سمعک

Kiemfriemiddel

ماده ضد غفونی کننده

Ansteken

عفونت

Virus

ویروس

HIV / AIDS

اچ آی وی / ایدز

Heelmiddel

دارو

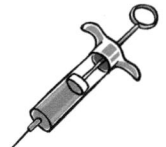

Impen

واکسیناسیون

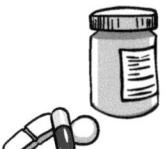

Tabletten

قرص

Pill

قرص ضد حاملگی

Nootroop

تماس اظطراری

Blootdruck-Meter

دستگاه اندازه گیری فشارخون

krank / gesund

مریض / سالم

Nootfall

موقعیت اضطراری

Hölp!

کمک!

Alarm

آژیر خطر

Överfall

حمله

Angreep

حمله ی فیزیکی

Gefohr

خطر

Nootutgang

خروج اظطراری

Füer!

آتش

Füerlöscher

کپسول آتش‌نشانی

Unfall

تصادف

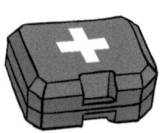

Noothölpkoffer

جعبه کمک های اولیه

SOS

درخواست کمک

Polizei

پلیس

Eerd
کره زمین

Europa

اروپا

Noordamerika

آمریکای شمالی

Süüdamerika

آمریکای جنوبی

Afrika

آفریقا

Asien

آسیا

Australien

استرالیا

Atlantik

اقیا نوس اطلس

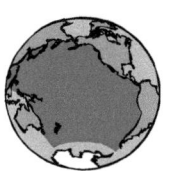

Pazifik

اقیانوس آرام

Indisch Weltmeer

اقیانوس هند

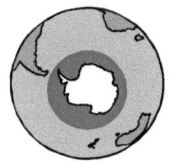

Antarktisch Weltmeer

اقیا نوس اطلس جنوبی

Arktisch Weltmeer

اقیانوس منجمد شمالی

Noordpol

قطب شمال

Süüdpol

قطب جنوب

Antarktis

قاره قطب جنوب

Eerd

کره زمین

Land

سرزمین

See

دریا

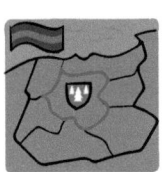

Eiland

جزیره

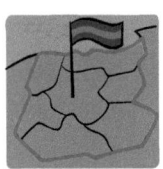

Natschoon

ملت

Staat

کشور

Klock

ساعت

Tallenblatt

صفحه ی ساعت

Stunnenwieser

ساعت شمار

Minutenwieser

دقیقه شمار

Sekunnenwieser

ثانیه شمار

Wo laat is dat?

ساعت چند است؟

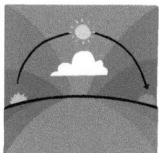

Dag

روز

Tiet

زمان

nu

اکنون

digetaalsch Klock

ساعت دیجیتال

Minuut

دقیقه

Stunn

ساعت

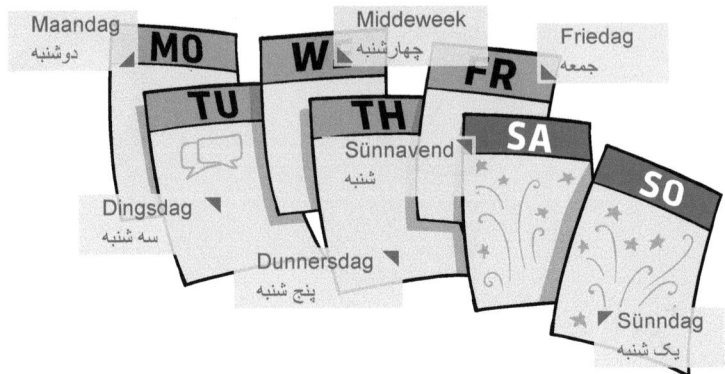

Week

هفته

Maandag
دوشنبه
Middeweek
چهارشنبه
W
Friedag
جمعه
FR
Sünnavend
شنبه
Dingsdag
سه شنبه
Dunnersdag
پنج شنبه
Sünndag
یک شنبه

güstern

دیروز

hüüt

امروز

morgen

فردا

Morgen

صبح

Meddag

ظهر

Avend

غروب

Arbeitsdaag

روزهای کاری

Wekenenn

آخر هفته

Johr

سال

Regen
باران
Regenbagen
رنگین کمان
Wind
باد
Snee
برف
Fröhjohr
بهار
Harvst
پاییز
Sommer
تابستان
Winter
زمستان

4.APRIL 11°
5.APRIL 4°
6.APRIL 13°
7.APRIL 8°
8.APRIL 10°

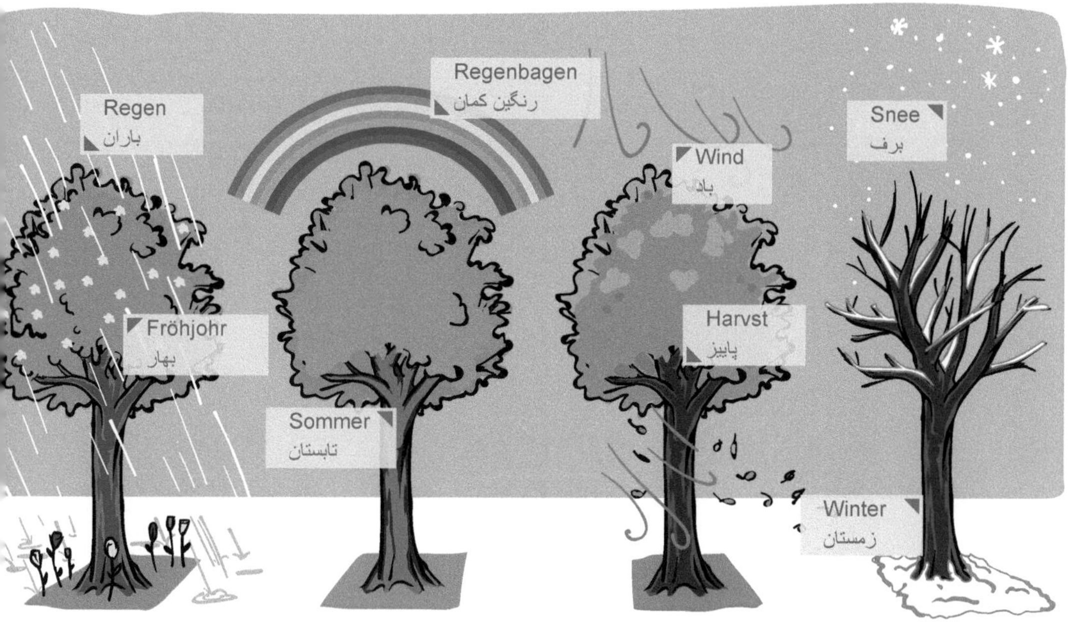

Wedervörhersaag
پیش‌بینی اوضاع جوی

F
0
10
0
-10

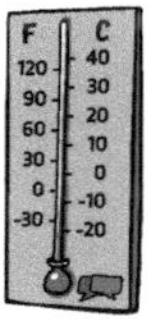

Thermometer
دماسنج

Sünnenschien
تابش آفتاب

Wulk
ابر

Nevel
مه

Luftfuchtigkeit
رطوبت هوا

Blitz

صاعقه

Dunner

آسمان غره

Storm

طوفان

Hagel

تگرگ

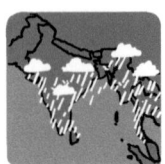

Monsun

باد موسمی

Floot

سیل

Ies

یخ

Januormaand

ژانویه

Februormaand

فوریه

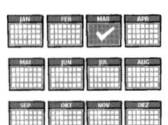

Martmaand

مارس

Aprilmaand

آوریل

Maimaand

مه

Junimaand

ژوئن

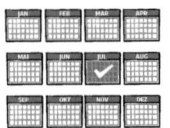

Julimaand

ژوئیه

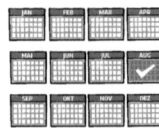

Augustmaand

آگوست

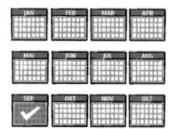

Septembermaand

سپتامبر

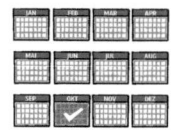

Oktobermaand

أکتبر

Novembermaand

نوامبر

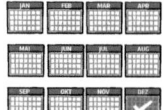

Dezembermaand

دسامبر

Formen

آشکال

Krink

دایره

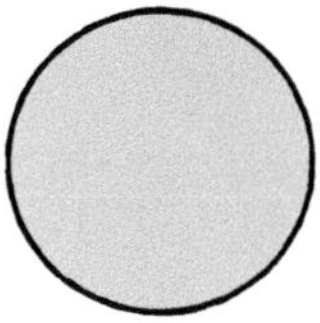

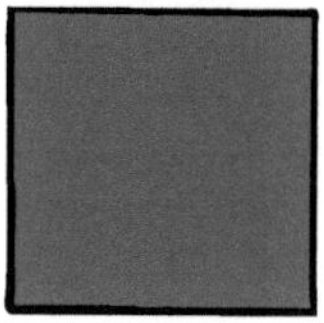

Quadrat

مربع

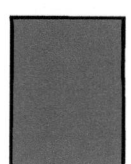

Rechteck

مستطیل

Dreeeck

سه گوش

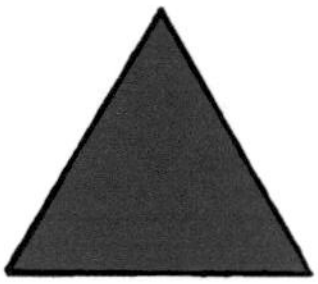

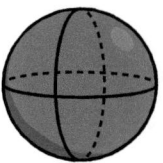

Kugel

کُره

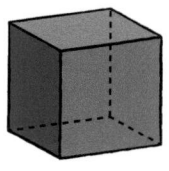

Wörpel

مکعب مربع

Farven

رنگ ها

witt

سفید

geel

زرد

orangsch

نارنجی

pink

صورتی

root

قرمز

lila

بنفش

blau

آبی

gröön

سبز

bruun

قهوه ای

gries

خاکستری

swart

سیاه

veel / wenig

خیلی / کم

böös / verdreeglich

خشمگین/ آرام

smuck / mies

زیبا / زشت

Begünn / Enn

شروع / پایان

groot / lütt

بزرگ / کوچک

hell / düüster

روشن / تیره

Broder / Süster

برادر / خواهر

schier / schietig

تمیز / آلوده

kumpleet / nich kumpleet

کامل / ناقص

Dag / Nacht

روز / شب

doot / lebennig

مرده / زنده

breet / small

پهن / باریک

geneetbor / nich geneetbor

قابل خوردن / غیر قابل خوردن

böös / fründlich

غضبناک / مهربان

fickerig / langwielt

هیجان زده / بی حوصله

dick / dünn

چاق / لاغر

toeerst / toletzt

اولین / آخرین

Fründ / Fiend

دوست / دشمن

vull / leddig

پر / خالی

hart / week

سفت / نرم

swoor / licht

سنگین / سبک

Smacht / Döst

گرسنگی / تشنگی

krank / gesund

مریض / سالم

nich na't Recht / na't Recht

غیرقانونی / قانونی

klook / dummerhaftig

باهوش / خنگ

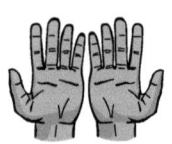

linkerhand / rechterhand

چپ / راست

neeg / feern

نزدیک / دور

nieg / bruukt

نو / استفاده شده

nix / wat

هیچ چیز / چیزی

oolt / jung

پیر / جوان

an / ut

روشن / خاموش

apen / slaten

باز / بسته

lies / luut

أهسته / بلند

riek / arm

ثروتمند / فقیر

richtig / verkehrt

درست / غلط

ruug / glatt

زبر / صاف

trurig / glücklich

غمگین / خوشحال

kort / lang

کوتاه / بلند

suutje / flink

کند / تند

natt / dröög

ثر / خشک

warm / köhl

گرم / خنک

Krieg / Freden

جنگ / صلح

Tallen
اعداد

0	1	2
null	een	twee
صفر	یک	دو
3	4	5
dree	veer	fief
سه	چهار	پنج
6	7	8
söss	söven	acht
شش	هفت	هشت
9	10	11
negen	teihn	ölven
نه	دَه	یازده

12

twölf

دوازده

13

dörteihn

سیزده

14

veerteihn

چهارده

15

föffteihn

پانزده

16

sössteihn

شانزده

17

söventeihn

هفده

18

achtteihn

هجده

19

negenteihn

نوزده

20

twintig

بیست

100

hunnert

صد

1.000

dusend

هزار

1.000.000

million

میلیون

Spraken

زبان ها

Engelsch

انگلیسی

Amerikaansch Engelsch

انگلیسی آمریکایی

Chineesch Mandarin

چینی ماندارین

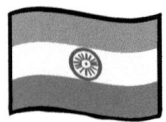

Hindi

هندی

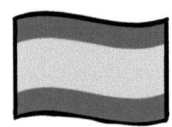

Spaansch

اسپانیایی

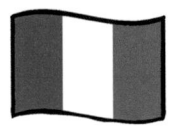

Franzöösch

فرانسوی

Araabsch

عربی

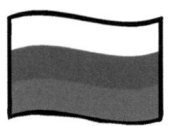

Rusch

روسی

Portugiesch

پرتغالی

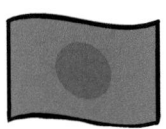

Bengaalsch

بنگالی

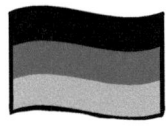

Düütsch

آلمانی

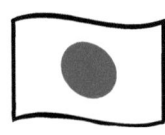

Japaansch

ژاپنی

wokeen / wat / wo

چه کسی / چه چیزی / چگونه

ik

من

du

تو

he / se / dat

او

wi

ما

ji

شما

se

آنها

keen?

چه کسی؟ کی؟

wat?

چی؟

woans?

چگونه؟

woneem?

کجا؟

wannehr?

کِی؟

Naam

نام

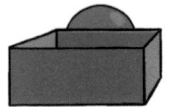

wo
کجا

achter

پشت

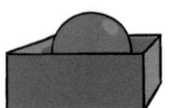

in

توی

vör

جلو

över

بالای

op

روی

ünner

زیر

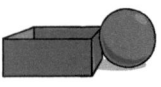

blangen

مجاور

twüschen

بین

Oort

مکان